Índice

No les mentiré, este libro es un ensayo para la publicación en Kindle, quiero averiguar como se hace el proceso y de tantas cosas que he escrito, esta es una pequeña muestra. Tampoco pienso mentirles en lo siguiente: el contenido es un set de poemas que a lo largo de algunos años escribí en mis viajes y lugares que visité, asimismo sentimientos que experimenté tanto, que pobremente expresados quise llamar poesía. En verdad es un intento de expresarme con las ventajas tanto como limitantes literarias que en mi formación pude cultivar. La idea no es hacer de un material como este algo famoso, (tampoco creo que tenga el contenido para ello, sinceramente) sino compartir la intención que se tiene al escribir: compartir y mostrar que cualquiera con un poco de conocimiento de la lectura-escritura puede hacer un libro.

Pensarán que castigo mucho mi material breve, aquí mismo mostrado con calificativos que denostan su calidad, pero es que cada que lo leo y lo releo no puedo evitar sentir algunas veces orgullo, algunas veces pena, algunas veces una intermitente risa, como tampoco puedo evitar recuerdos que me evocan las situaciones que me hicieron en primer lugar su redacción.

Amo escribir y amo este material, no me malentiendan, pero al mismo tiempo es una apertura a mi forma de ver el amor, la distancia, las historias que fueron, la que no fueron, algunas historias que fueron, pero no así, y como dice Cortázar, algunas historias es mejor escribirlas como debieron ser. Por tanto, seguramente quien sea aludido a propósito o accidentalmente por el material deberá comprender que a la distancia es mejor intentar descifrar el sentimiento entre tanta rima forzada, algunas veces exitosamente, algunas veces lastimosamente, algunas prosas con buen sentido y potencial, algunas pobres con el propósito de solo terminar las frases y las ideas.

Tampoco les mentiré en que no le cambié nada, ni una palabra, no compuse nada, las expresiones están como en la fecha que fueron escritas, los nombres de los escritos son como los pensé en el primer momento (si, algunos son muy simples), pero no quise quitarle nada de cómo nació a la obra, y es que es mejor dejar las cosas como están, de lo contrario perdería el sentido original: difundir el momento preciso en que las cosas sucedieron en mi lápiz y papel.

Esta es la primera entrega espero haya al menos 9 más, (muchos dirán, ¡no por dios!) pero con mejor elaboración, revisión, redacción, que este primer volumen que ciertamente no he revisado lo suficiente como para darle más calidad de la que seguramente adolece, pero tómenlo como una forma de expresión de alguien que en su primera juventud intentó descargar cosas en un papel, cosas que sucedían en su cabeza, imaginación y corazón con algún orden, orden que hasta la fecha el mismo ser ahora no entiende como se logró.

Las revisiones son horrendas de hacer, ahora entiendo el trabajo de publicar cualquier material, éste en particular me ha tomado más de un rato ajustarlo al tamaño de página.

Este libro es para todos aquellos que han creído en mí y en mis ocurrencias, para mis amigos que, aunque no estén de acuerdo con mis ideas siempre me apoyan, a mis alumnos que probablemente nunca lean este libro, y a mi familia que siempre ha estado para mi sin importar el momento que sea.

Espero que en algún momento mi hijo vea que su padre fue joven y difuso, que no solamente es viejo y difuso. También quiero dejarle el ejemplo de que cualquier idea se puede compartir en la escala que se pretenda, con las mejores intenciones asimismo con la fortaleza de la voluntad tanto como del entusiasmo.

Les agradezco a quienes se han tomado el tiempo, tanto de tomar el libro entre sus manos, hojearlo asimismo comenzar a leerlo, y les pido que tengan las expectativas moderadas, prometo como siempre digo, (y siempre cumplo), prometo mejorar.

Uriel G. Zapata R.

Sabes una cosa...

Eres algo extraño que respiro de pronto;

Un aire fresco que, desde lejos, se me clava en las venas

y energiza mis sentidos. Un misterioso sonar en lo alto

de este lugar me hace imaginarte conmigo, y una linda

melodía me recuerda a cada momento tus labios.

Y sabes que...

Me encanta...

Como encanta a los mosquitos la luz del foco...

Como encanta la ilusión al derrotado...

Como encanta el sueño a tus pupilas a esta hora a
veces...

Así me como encantan tus caderas...

Hoy va a ser una larga noche, pero no por el trabajo...

Larga para sacar de mi alma esta energía que me acabas
de dar con tu recuerdo...

Un te amo no aplica

Encuentro muy simple decir te amo, no tiene el más mínimo sentido de mi intención. Las flores, los poemas, el canto, la ilusión, todo esto no tiene la idea que proyectamos. Cuando nos arrancamos la ropa, queriendo arrancarnos la piel, siempre comenzando en la boca,

Y a veces terminando en los pies. No tiene sentido decir te amo, si abrazados en la noche de mi cuarto nos quedamos sin palabras, que pienso que un "te amo", queda falto.

Falto de fuerza, falto de energía, falto de pasión. Porque al enredarnos el alma, a golpe de sudor, testificando mi cama, que no esconde el pudor,

al final, nos tomamos de la mano y también del corazón.

Un te amo es tan simple que no importa, esa sabia palabra es tan tristemente corta, tan extrañamente ausente, que entre tu cuerpo y el mío, en las noches ni se siente. Un te amo es simplemente nada, entre tú, yo, la noche y esa olvidada almohada.

Pobre de ti...

Eres tan dulce que no sé qué decirte.

Eres tan única que no puedo tenerte. Eres tan cercana

que no se si adorarte, y tan bella que no evito mirarte.

Tú crees que te vas simplemente,

así, sin más ni más, tan de repente.

y yo?, enamorado, pero más que consciente.

De ti,

muy enamorado tan de repente.

Y no,

No me olvidaras tan fácilmente.

¿Pues que pensabas?, canalla. ¿Robarme el corazón e irte

tan tranquila?, en tu plan existe una falla,

Porque cuando matas con amor, el mismo te aniquila.

Me besaste con el alma y tengo parte, me dijiste con tus

labios que me amabas, me dijiste que ya pronto te

escapabas, Pobre tonta ya no puedes escaparte.

¿A dónde irás con mi corazón en mano?, ¿a un suburbio
con tu instinto peregrino?
¿a la costa con tu aire provinciano?
¿A quién convencerá tu corazón mezquino?

Te convencerás de que ya no está en tu mente regresar
a lo que creíste tu destino,
cuando mi corazón, en tu mano clama insistente con sus
latidos susurrándote el camino.

Si te ensañas, empaca, me ofrezco en ayudarte.
Sabes que no irás a ninguna parte.
Porque te pierdes en mis ojos al mirarte.
Pobre tonta ya no puedes escaparte.

Te quiero a la distancia

Estás lejos.

Pero tu sonrisa está tan presente. Como el sol en el horizonte, con su calor al atardecer.

Como versos. Los rayos resplandecientes que calientan en un instante, toda el alma sin parecer.

Te siento.
aquí en mi pecho tan resonante, como melodía sin precedente, recordándote sin querer.

Tu recuerdo. Me ataca tan de repente. como un calor incandescente, con el frio al anochecer.

Te pienso. Y te siento tan importante. con tu imagen tan insistente, cuando siento desfallecer.

Te quiero. Como quiere el viento errante, a el torbellino indiferente.
Como el sol al amanecer.

-"¿Te has enamorado?",

-"¿En qué momento?",

- No sé, en el pasado,

- Ja, ¡mejor no te contesto!

-¿Qué tiene?, ¿Te da pena contarme?

-Ja, Me da pena abrumarte.

-No lo creo, me gusta escucharte.

-Ese es el problema: explayarme.

- ¿Qué tan seguida vez la madrugada?

- No pues, cada que puedo.

- Yo la veo siempre en su mirada,

- ¿De quién?, no te entiendo.

- Mira te explico, ¿Ves el cielo nublado?

- A veces, cuando parece va a llover

- Pues yo siempre que no esté a mi lado.

- ¿Quién?, sigo sin entender.

-Tu canción preferida al oírla. ¿Que sientes?

-Pues no sé, solo sé que me gusta. -cuando dices que te gusta, ¿no mientes?, -No!, obvio!, sino diría que me asusta.

- Bueno, eso mismo siento al oír su voz.

- ¿Su voz dices?, ¿Cómo una canción?,

- Sí, como que se escucha en el corazón,

- Veo esta idea, pero no entiendo las otras dos.

- Mira, ¿Qué harías por quién amas?

-Pues yo creo mucho, amar es intenso, Das lo que pide, estás si te llama.

- Bueno, yo he dado mi silencio.

- Deveras eres raro ¿Porque quedarte callado?,

- Razones muy fuertes, puede que no sepa.

- ¡Es mejor decirlo!, Es mejor estar desahogado.

- Prefiero el silencio, a que se valla de mi lado.

- No veo porque el irse, aún con su rechazo.

- Así pasa a veces, el miedo predomina.

- ¿Miedo de que dices?, ¿de cupido y su flechazo?

- El amor es cosa sería, a mí siempre me domina.

- No es para tanto, sólo es cosa de sentirlo, y si no se
da, dejarlo ir. ¿Ves?, ¡Simple!
- ¡Como se ve que para ti es muy fácil decirlo!
Para mí es aire a un globo, pero sin que se infle.

-Jaja!, estás loco, eso no se puede, todo tiene un tope,
callar para mí, no es amar. -No, te equivocas, ama
siempre aquel que cede, el que espera, siempre hasta el
final.

-El amor es para expresarlo, si lo callas te mata.
-Exactamente, morir es mejor que perderlo.
-Si mueres lo pierdes tonto, ¿puedes verlo?,

-jaja, veo que aún no lo entiendes insensata.

 -Deveras que no te entiendo, ¡Explícamelo!

-Mira, te expones a que te hagan pedazos por dentro.

-pero como te pueden lastimar, eso no lo entiendo.

-Bueno tu brazalete de coral, ¡Entrégamelo!

 -¡No!, Sabes que me lo dio mi abuela, no puedo.

-Pero si lo regalaras, ¿sería a alguien importante?, ¿no?

-No me lo imagino, ¿porque habría de regalarlo yo?

-Porque en ese momento mismo perdieras el miedo.

 -Bueno, creo sería a alguien super especial, solo así.

-Y si te lo rechazara, ¿Cómo te sentirías?

-¡Huy!, no se me molestaría, ¡o hasta lloraría!,

-Ya me entiendes, ¡el amor no es tan sólo de decir!

- Creo que te entiendo, ¡aun así deberías hacerlo!,
Es mejor fallar, que nunca haber intentado.

- ¿Deveras crees que lo deba simplemente expresar?, ¡Ya

lo creo!, ¡yo ya lo hubiera expresado!

- ¡Oye!, te pregunté algo y me sacaste un dilema.

Te pregunté ¿alguna vez te has enamorado?

Y acabamos hablando del globo mal inflado. Dime y no
nos salgamos otra vez del tema.

-Bueno una vez solamente y ha sido muy cansado.
- ¡Jaja!, bobo, ¿cómo puede ser eso que dices?
-Si, ella es tan linda, que de verla deja cicatrices,
-Y, ¿cómo es esa chica?, nunca me habias contado.

-Es muy chistosa, muy curiosa, me encanta su mirar.
-Desde cuando es que la quieres, tú no eres disimulado.
-Años que la conozco, desde que llegó a este lugar.
-Debe ser una niña tonta, porque nunca lo ha notado.

 -Fíjate, me siento rara, como que no quiero que acabes,
-Querías que te contara, ahora déjame contártelo.
-Es que me siento mal, como que te pierdo, ¿sabes?
-¿Miedo a perderme?, para nada, deja remarcártelo.

He buscado evitarlo, y le pongo muchas trabes pero
siempre acabo confirmando que estoy más enamorado,
¿estás seguro que lo sientes?, y... ¿cómo es que lo sabes?
Cada que te miro a los ojos y me siento aquí a tu lado.

Cuando te veo de su mano callo y muchas veces pienso que debe amarte mucho, ¡vamos!, debe hacerlo. porque si no es así, el idiota está cometiendo el crimen de desperdiciar el amor inmenso que te tengo.

Y es que te siento tanto, te adoro tanto, que siendo sinceros, esto un día me va a matar. Pienso que tomarte de la mano al caminar debe ser ir en mar abierto navegando.

El que tiene tus labios debe de ser tan millonario de esos sentimientos que roban el sentido. El que tiene tus labios debe ser dueño del horario de felicidad que un humano tiene prohibido.

Te veré de lejos, así como te veo siempre.
Ahí desde las sombras desearé que aquel que tu corazón ha elegido te ame la mitad que yo.
Con eso basta para que sean felices eternamente.

Algo es seguro, me tengo que ir, no puedo seguir así.

Aunque la distancia no será gran solución, sonriéndote

educadamente al verlo siempre junto a ti, mientras yo

por dentro me muerdo el corazón.

Te veo y me digo, ¿Por qué será materia difícil el olvido?

¿Por qué se ama tanto al ser menos indicado?

¿por qué nunca flecha a los dos el idiota de cupido?

¿Por qué al ver tus ojos siempre acabo deslumbrado?

Algo que he hecho bien o mal, (ya no sé bien ahora)

siendo que el amor es muchas veces indiscreto, no

hacerle mucha fiesta a la belleza que te decora,

y amarte tanto en mis hojas, mis sueños y en secreto,

Por más que quiera

No sabes cuanto quisiera llamarte, ni idea de cuanto deseo escucharte, mi corazón se quiebra, se hinca, le ruega, a este orgullo que mío que parece de piedra. El simple hecho de recordar tus manos tocándome las mejillas en un beso, El recuerdo de ese tan simple hecho, me tiene infinitamente destrozado. Destrozado porque no estoy contigo, destrozado porque no estás aquí, destrozado porque mis latidos, me duelen, me doblan, y son por ti. Mi corazón grita, ¡corre! ¡búscala!, y mi orgullo dicta ¿debilidad? ¡jamás!, y mientras, muero un otro poco más, y mis ojos quieren verte, eso nada más. ¿Porque tenías que dejarme?, ¿por qué?,
Dejarme y luego buscarme, ¿por qué?, Detesto el tener que mostrarte, que sé tomar decisiones y no vencerme después. Porque me lastimó que no entendieras que el amor es de todo, de estar, de gritar, de reír, aunque no quisieras, porque el amor es solo eso, amar. Se entrega el alma el sentido, la razón, a cambio de nada, porque el corazón no entiende de cambios, de equidad, el solo sabe dar, despúes volver a dar. Yo amé, tus ojos, tus

labios, tu piel, tu forma de lastimarme, de no entregarte
por completo, de sentir nunca equivocarte, herirme y
siempre olvidarlo después. Yo amé tus ojos soñadores,
de ángel,
la forma en que me besabas, en esas noches que
parecían eternas, y tan cortas, que se fueron y nunca me
avisaste. y hoy peleando contra si mismos, mi orgullo y
mi dolor, por necesitarte, y recaigo a esos mismos
abismos de los que siempre huía al amarte. Te amo
tanto, y me lastimaste tanto, que aun amándote no
quiero verte, y deseo morir a volver traicionarme
recayendo en las redes de tu encanto. Ahora solo quiero
que pasen los días, mientras olvido, el sonar de las
cuerdas de tus labios, y tu voz que unía mis manos con
tus caderas en una hermosa melodía, que nunca acababa,
que según nunca acabaría, y hoy tan distante, tan ahora
hecho mentira, mi orgullo me recuerda prometí no
regresaría, este orgullo que mata, sin quitarme la vida.

Ave de mi ventana

Crucé mi mirada con la tuya y aun te recuerdo, hice lo posible por obtener tu sonrisa y la obtuve, estas tan presente en estos sueños que me pierdo frecuentemente, a cada rato soñando despierto.

Pudiera escribir tu nombre en este poema, lo haría. ¡Lo juro!, pero no tiene caso, creo que no importaría, si con solo escribir poemas te obtuviera, fácil podría en mis paredes, en libros, antologías escribir cada día.

Yo lejos, porque de cerca se me nota lo nervioso, y me vuelvo tonto, me vuelvo simple, todo plano. Quisiera probar ese sentimiento tan hermoso de ir volando por el mundo tomado de tu mano.

Pero eres azúcar blanca, fina, en una piel morena, yo soy aquel loco se desvela y sueña, y en mi letargo, el azúcar no la pruebo, siempre mi café es amargo, estando tan cerca de ti y no probarte, ¡qué pena!

Te adoro y aun no te pruebo, como aquel que ama la riqueza sin haber sido nunca en la vida rico, Yo te adoro como lo que eres, esta hermosa dama cual aves plumas de oro con baños de carmín en el pico.

Y te adoro, al pasar de mi ventana, en hermoso vuelo, el caer de tu pelo, pendiente de tu paso las mañanas y yo, en mi lugar viendo tus labios desde mi ventana, siempre viviendo con ansias de volar en un beso, y no puedo.

"Me voy de tu lado, y acaso te quiero todavía", eso escuchaba en un poema justo ese otro día que soñaba contigo, y no sabía si lo quería.
¿Soñarte u olvidarte? ¡vaya que opciones de porquería!

Porque es cierto que la distancia ahora nos enfría, nos vuelve montañas lejanas de forma sombría, pensando lo que algún buen día creí sería un gran amor, en este simple desdén acabaría.

Y hoy, al otro lado de los cerros sosteniendo un libro, escribo algunas rimas pensando en tus recuerdos, y de la nada, veo como salen bajo las piedras versos, fácil como la tinta le sale a la pluma con que escribo.

Veré que pasa con mis sentidos lejos de ti, esperaré. Como espera el rocío a la noche, aquí muy paciente, como los sueños al destino, aquí con esperanza y fe, a saber, si te quiero, pues precisamente hoy no lo sé.

Es cierto, yo fallé

Te dejaré volar, no hace falta detenerte. Te dejaré explorar eso que no quise, algunos labios ajenos, de algún pretendiente, alguna nave ajena, que en tu piel aterricé.

Tengo miedo, lo admito. Tengo miedo. No es fácil saber que las cosas tienen, un destino lógico, lejos de tu cielo.
Me duele, lo admito. Me duele.

Pero volarás con tu pecho libre de todo, tu fuiste lo mejor, manchada de tus errores, manchada de mí, quizás manchada de lodo.
Llena nuestros besos en románticos amores.

Espero haberte quitado todos los prejuicios.
Espero haber quitado de tu mente esa prosa, Espero haberla convertido en parte a poesía, esas veces únicas cuando te quitaba la ropa.

No te busco, porque sé bien tu reacción, No te ruego, porque sabes que no soy de esos, esos que tapan las heridas con tristes besos,

No te busco, porque sé que fui yo quien te falló.

Te conocí

Jugando jugando, un raro día te encontré, allá en la espesa arena, allá con el viento, en esa extraña playa, de colores de miel, tus ojos en mí, con tus labios sonriendo.

Mirabas mirabas, tranquila, a este espécimen, sinceridad y poesía envuelta en crudeza, palabras y hechos raramente coinciden, por eso me mirabas con cierta rareza.

Mi tarde aturdida, de alcohol en mis venas, de locos desvelos, de sueños perdidos, encontraba tan pronto en tus ojos ceñidos, un sentir de viento y de aguas serenas.

- Quisiera conocerte, pero estoy muy borracho
- Quisiera tocarte tu piel y cabello de seda, - Estoy tan borracho que tocarte las manos
- Es igual de difícil y raro que mirarte siquiera.

Recuerdo penoso aquella tarde de abril, y no fue tan mala después de esas cosas,

Disculpas siguieron, parecían sin fin,

Y hoy tu mano en mi mano... ¡valla que cosas!

Niña que no sabes

Mirándote a través de la ventana, y esa
sonrisa que roba los oscuros rincones del
cristal en que te miro, roba la noche al
volverla mañana.

Luz en cada mirada que regalas, ilusión
palabra que te escucho, y caricias que
atraviesan como balas esta conciencia con
que lucho.

Porque no es simple estar y no mirarte, porque no
es simple estar y no perderse, en ojos que obligan
corazones a caerse en su mar y naufragar en
cualquier parte.

Mejor el silencio al mirar hacia delante es mejor
soñar, a volar en el abismo del amor que es ilusión y
no es amante y jamás cambiar la ilusión de ser lo
mismo.

Y vuelves a mí

Te esperaba marinera, con tus letras como espinas, con
tu amor como bandera, y palabras con veneno.

En tu vida no imaginas, este amor tan sin barreras, con el
tanto que caminas,
Como aquí entre mis líneas.

Y me miras, y me envuelves, y me mientes y te creo, y te
entregas y me pierdes, y sintiendo no siento.

Tu corazón es infierno, de los murmullos azules, de las
caricias comunes, por un tiempo casi eterno.

Alejado de mis manos tan lejano de tu cuerpo, a pesar
de que te tengo, ese musculo no encuentro.

¿Y ahora qué? Dime ahora,
¿Ó te espero o me regreso?,
¿A lo libre de tus manos?
¿Ó a la cárcel de tus besos

Por más que respire, no encuentro la paz que

encontré entre tus brazos.

Aferrado a tu pecho,

Me sentía más libre que una hoja en el aire, que

una gota de lluvia

dibujando en el viento esos mágicos trazos,

color arcoíris, color que en tu lecho tornase

mi pecho como parte del tuyo en exactos

pedazos.

Por más que no quiera, por más que prefiera

olvidar tu recuerdo, amarré mis suspiros y se

vienen saliendo del costal de tu aroma, que dejo tu

persona en mi ropa y ni el viento, que hoy sopla

en contra, me devuelve los besos que se fueron

meciendo poco a poco en mis labios, y que se

fueron perdiendo, en esa triste sombra, que a

poco me cobra esos sabios consejos, que me daba

tu ropa cuando se iba cayendo.

Hoy quizás te respiro, pero abro los ojos y no estas a mi lado. y quisiera ser noche, y quisiera encontrarte por el foco apagado y llegar al palacio de tus pies, a la merca de tu vientre y repetir los tratados, repetir el derroche, de mi cuerpo en el tuyo, recordando el pasado, apoyado en las sombras, y en tu boca mi nombre, como siempre decías a gemidos gritando, al sudor en mi espalda, tus dedos prensados, con la piel encerada, de la luz de la luna del reflejo en tu falda yaciente en el piso, y mirando siempre, con los ojos cerrados.

Mentirosa, Temerosa

¿Quién se dice soñador y no sueña despierto?,
Tú, mujer insensata, ¡grandísima embustera!, ¡Dices
amar a las flores y no hueles el huerto!
¡Caminante te dices y no pisas la tierra!

No tienes que amarme para sentir mis palabras, ni para
sentirme en tu oído tendrás que escucharme, pero se
congruente con aquellas cosas que hablas, para amar a
la lluvia deberías mojarte.

Te entiendo de lejos porque se bien que no arriesgas,
con los labios despiertos, con deseos volando, cuales
colmenas brillantes repletas de abejas, cual noche de
luna con las estrellas flotando.

Pretendes quererme, pero no quieres amarme, Yo
digo que pruebes esta noche en mi almohada, de
entre mi alcoba paisajes prometo mostrarte, bajo
sabanas azules de la madrugada.

Dame

Dame eso que escondes,

dame eso que no quieres,

dame eso que no sabes,

dame tu voluntad de amar.

Te alejaste un día

y jamás volviste

igual, y esa flor

de tierra se

perdió en el mar.

Tus noches cerca de

aquellas noches mías,

allá en tu exilio, muy

por allá en tus celosías,

en tus lejanas estrellas,

en tu lejano sueño, en

esas calladas brisas, me

decían que me querías.

Hoy lo escondes y lo
cuidas, como si yo no lo
sintiera igual, late en
nuestros corazones, se
escucha en nuestras pieles,
cuando se saben acercar,
dame eso que te mata,
dame eso que te daba,
dame eso que yo tengo,
dame tu voluntad de amar.

Nuestro amor

Nuestro amor duró lo que duran tus besos,
que quise darte, que no quisiste, pero
querías, esa tarde de camino de nulos
excesos.

Nuestro amor dura lo que duran las llamadas,
raras, dura lo que duran tu ocio y tu soledad, mi
silencio, y tu maldad en palabras muy calladas.

Nuestro amor ha durado lo que dos gotas de
agua, en verano sin brisa, lo que duró una caricia,
cuando tomados de la mano nos veíamos y tu no
estabas.

Nuestro amor durará lo que dure mi conciencia, lo que
dure mi paciencia, lo que dure tu valor y tu miedo, hasta
que me entregues un día, lo que a veces ya no quiero.

Sin pensar en el mañana

Hagamos las cosas más simples, entreguémonos hasta caer, dormidos, y que el sonido del después, sea solo el de nuestros latidos.

No busques explicaciones, que si te amo, que si me amas, que si debemos, que si no. Bésame fuerte, bésame despacio, hazme tu esclavo, dedícame este día, esta noche, tu corazón.

El problema de nosotros es buscar explicación, a los silencios en tu almohada, pensándome; a tus miradas en mi mente, perdiéndome; cuando los sentimientos no saben de intención.

Bésame, aráñame, descúbreme, y escóndeme, entre tus brazos de brisa templada, lentamente. Mientras lo haces te voy a tatuar en los labios mi esencia, de forma susurrante eternamente.

Una mañana sin rumbo, si no estoy a tu lado, sabrás que no estás sola, prendidos en tu piel, en tus labios, mis recuerdos, y en tu alma también el tatuaje de la noche de mi corazón enamorado.

Tu juego

Haciendo en un desliz, que mire mi cicatriz, mientras lo abrazas muy decidida. ¿y si mejor la abres de nuevo y me echas sal en la herida?

Diciendo que el olvido es simple, fingiendo que no te recuerdo, mientras haces a que me olvidas. ¿y si mejor los dos nos hacemos a la idea de creer más mentiras?

Diciendo que no quieres perderme, sabiendo que a la distancia, jamás encontramos salidas. ¿Y si mejor tu entiendes que juntos somos almas perdidas?

Si no me tienes me hieres, si no te tengo me muero, y deseas que vuele contigo con él y yo, en una nave fallida, como carne viva sobre una llama encendida. ¿y si mejor me liberas de tu manía de hacer este amor más suicida?

¿y si en mi cara te besa?
¿y si no bajo mi frente?

¿y si al besarlo me miras?

¿y si mejor me prestas una pistola

y observas como me quito la vida?

Veneno y Mariposa

Y vuelve a mí el recuerdo de tenerte entre mis brazos,

pero no en mis labios,

haciéndome pedazos...

Como son criaturas caprichosas,

aquellas mariposas.

Al quererlas atrapar, ¿raro no?

Si las persigues vuelan,

y si te quedas quieto se quedan,

en las manos...

Cantando una canción.

Eres tan rara y linda mariposa,

tan bella que sospecho eres venenosa.

Pero tan brillante,

que cuando volaste,

aquella última vez de mis brazos,

te me perdiste con el sol.

Y me quedé mirando,

mirando tus colores tornasol.

Cuando se estaban alejando.

Y tus colores me hipnotizan,

tus alas me pervierten,

tus ojos me enamoran.

Como el aire que se cuela bajo tus sabanas,

todas las mañanas a primera hora.

Creo que ya estoy envenenado...
Todo sin haberte tocado.
Razón más tonta de morir para un enamorado, La mía,
¡juro que la mía!
que del veneno que no he probado.

Pero morirás.
En mis manos,
así como yo en tus labios de alcatraz,
de eso estoy seguro,
porque también en la ironía,

la vida da color,

y da ese encanto

y esa melodía que invoca la justicia en el amor.

Porque para esa hermosa tarde de mi muerte,

nuestra muerte,

tendré la suerte.

Tirado con el corazón deshecho,

envenenado.

Pero sonriente una mariposa postrada en el pecho.